AF349710

MUSÉE DRAMATIQUE.

PARIS.

NOBIS, éditeur, rue du Caire, 5 ;
L. MICHEL, rue Marie-Stuart, 6 ;
MENORET, boulevart Saint-Martin, 2,
Mme LAVIGNE, passage de l'Ancre ;
BARBA, Palais-Royal :
POSTEL, rue du Roule ;
J. LAISNÉ, galerie Véro-Dodat, 1.
PAUL, galerie de l'Odéon, 12.

DÉPOT CENTRAL

CHEZ MIFLIEZ, éditeur des *Costumes français*, quai des Augustins, 19.

1837.

Nous offrons au public une série de livres qui, nous l'espérons, doit être accueillie avec faveur, car nous avons voulu mettre la librairie dramatique à la portée de tous au moyen d'éditions soignées, correctes, pittoresques, joignant l'élégance au très bon marché. Une longue expérience des procédés typographiques nous a mis à même de résoudre ce problème : le lecteur jugera.

L'accueil fait à notre premier volume, où se trouve réuni en partie tout ce que la littérature dramatique française compte de notabilités actuelles, nous encourage à redoubler d'efforts et de sacrifices pour continuer à mériter l'approbation des connaisseurs. Des dessinateurs et des graveurs réputés nous ont promis leur utile concours. La musique des airs nouveaux, imprimée à la suite des textes par des moyens dont nous possédons le secret, fera de ce recueil un ouvrage hors ligne où les directeurs des théâtres des départemens et les amateurs de société trouveront tous les renseignemens, toutes les indications nécessaires à la mise en scène des pièces qu'ils voudront représenter.

LE **MUSÉE DRAMATIQUE** paraît par livraisons, dans le format in-8° de luxe, imprimé sur carré vélin satiné, avec des caractères fondus spécialement pour cette collection.

Chaque Pièce est ornée d'une Vignette représentant une des principales scènes.

PRIX DE LA LIVRAISON : 20 CENTIMES.

Les pièces en plusieurs actes forment deux Livraisons publiés ensemble. — Vingt livraisons forment un volume.

En souscrivant pour un volume, on reçoit les Pièces *franco*, à Paris, aussitôt leur publication.

CHAQUE PIÈCE ET CHAQUE VOLUME SE VENDENT SÉPARÉMENT,

Et forment toujours un ouvrage complet.

EN VENTE :

CARMAGNOLE,

OU

LES FRANÇAIS SONT DES FARCEURS,

ÉPISODE DES GUERRES D'ITALIE.

EN UN ACTE,

PAR MM. THÉAULON, DE FORGES ET JAIME.

REPRÉSENTÉ POUR LA PREMIÈRE FOIS, SUR LE THÉATRE DES VARIÉTÉS,
LE 31 DÉCEMBRE 1836.

PARIS,

NOBIS, ÉDITEUR, RUE DU CAIRE, Nº 5.

1837.

Personnages.	Acteurs.

LE COLONEL BLÉMONT, commandant une demi-
  brigade de l'armée française.   MM. DUSSERT.
CARMAGNOLE, paysan piémontais, maréchal-ferrant. ODRY.
MIKÉLI, aubergiste piémontais. LAMARRE.
LOREAU, sergent français. DAUDEL.
UN INDIVIDU, vêtu en colporteur. ÉDOUARD.
UN MAJOR français. MAYER.
OFFICIER français. GEORGE.
UN OFFICIER autrichien. EMMANUEL.
ROSELLA, fille de Mikéli. Mmes GEORGINA.
CATHERINE, vivandière. ALBERTY.
SOLDATS FRANÇAIS.

La scène se passe à San-Giuliano, petit village du Piémont, près d'Alexandrie,
en l'an VIII de la république française.

Imp. J.-R. MEYREL, pass. du Caire, 54.

CARMAGNOLE,

ÉPISODE DES GUERRES D'ITALIE, EN UN ACTE.

Le théâtre représente une place de village. — Une auberge à droite ; à gauche, une boutique de forgeron avec cette enseigne : CARMAGNOLE, MARÉCHAL-FERRANT. Un gros arbre au milieu du théâtre ; au fond, une ravine et un pont de bois.

SCÈNE I.
MIKÉLI, PAYSANS.

(Au lever du rideau, les paysans des deux sexes sont groupés sur le théâtre ; ils sont chargés de paquets ; plusieurs femmes tiennent des enfans par la main. — Bruit du canon dans le lointain.)

CHŒUR.

Air du Hussard.

Partons, amis, l'heure s'avance,
Les Français s'avancent aussi...
Pour nous, il n'est plus d'espérance :
Au plus vite, partons d'ici.

MIKÉLI.

Allons ! adieu, ma pauvre auberge...adieu, mon pauvre pays...dans une heure le plus joli village du Piémont sera au pouvoir des Français... maudite guerre !.. Eh bien ! vous autres, avez-vous fait comme moi ?.. le peu que je possédais est déjà à l'abri, près du camp des Autrichiens.

UN PAYSAN.

Ne craignez rien, père Mikéli, nous emportons nos effets avec nous, et bientôt, il n'y aura plus une épingle à ramasser dans notre village de San-Giuliano.

MIKÉLI.

Ah ! dam ! c'est qu'on a de la peine à quitter l'endroit où c' qu'on est né ! malgré ça, c'est prudent. Dans la dernière campagne, les Français avaient mis le pays à contribution ; et au lieu de vivres et de vin, ils n'ont trouvé ici que de la paille qui n'était pas fraîche... s'il y en a là-dedans qui ont de la mémoire, ils pourront bien se venger sur ceux qui resteront.

UN PAYSAN.

Ah ça ! où donc est Carmagnole ?

MIKÉLI.

Pardine ! ça ne se demande pas, je gage qu'il est sur la hauteur, à voir si les Français s'approchent... il adore les Français...

UN PAYSAN.

Il est si bête !

MIKÉLI.

Est-ce que ma fille serait avec lui. (Il appelle.) Rosella ! Rosella !

SCÈNE II.
LES MÊMES, ROSELLA.

ROSELLA, sortant de l'auberge.

Me voilà, mon père ! me voilà !..Ah ! mon Dieu ! que c'est triste, là-dedans... plus rien que les quatre murs.

MIKÉLI.

Que veux-tu, ma pauvre fille, c'est la faute de ces Français endiablés ; mais nous voici réunis, nous allons tous partir.

ROSELLA.

Partir sans Carmagnole ?..

MIKÉLI.

Certainement ; pourquoi n'est-il pas là ?

ROSELLA.

Au moins, il faut l'attendre un peu... vous savez bien que nous nous aimons, et ça serait dur de se quitter comme ça... et puis, il partira peut-être avec nous.

MIKÉLI.

Lui, je t'en souhaite ! et pourquoi faire, pour nous embarrasser... un nigaud ! un paresseux, qui ne fait rien de ses dix doigts... pas seulement un demi-florin à son service... qui n'est ni jeune ni beau... et il veut t'épouser !..

ROSELLA.

Il travaillera, ce garçon... comme il dit, il s'oriente, il cherche son point de départ, et une fois qu'il l'aura trouvé, vous verrez comme il fera du chemin.

MIKÉLI.

En attendant qu'il fasse son chemin, il faut nous mettre en route.

ROSELLA.

Mon père !

MIKÉLI.

Silence, mamzelle !   (On entend crier au dehors.)

CARMAGNOLE, au dehors.

Les voilà ! les voilà !

SCÈNE III.

LES MÊMES, CARMAGNOLE.

(Il arrive en courant par le pont qui est au fond.)

TOUS.

C'est Carmagnole !

CARMAGNOLE.

Les voilà ! je les ai vus du haut de la montagne... Ah ! quelle belle armée !.. quels beaux hommes !.. ils arrivent par la route de Tortone... ça a commencé par de la poussière, et une fois dans la plaine ça s'est débrouillé avec le soleil... avant deux heures ils seront ici. (Il va près de Rosella.)

MIKÉLI, aux paysans.

Alors, adieu ! vous autres... hâtez-vous de gagner Alexandrie, pendant que les chemins sont encore libres, moi et ma fille, nous avons un asile tout trouvé ; chez sa marraine, à Castel-Cériolo.

TOUS.

Adieu, adieu ! père Mikéli.

REPRISE DU CHOEUR.

Partons, amis, l'heure s'avance, etc.

(On entend quelques coups de canon, les paysans prennent leurs paquets et s'éloignent avec leurs femmes et leurs enfans.)

SCÈNE IV.

CARMAGNOLE, MIKÉLI, ROSELLA.

CARMAGNOLE.

Père Mikéli, un mot... je n'ai pas le temps de vous faire des phrases, attendu que ça chauffe.

MIKÉLI.

Parle.

CARMAGNOLE.

Voilà une fille qui est la vôtre, à ce que vous dites, et dont je ferais volontiers ma femme, si vous vouliez...

MIKÉLI.

Mais...

CARMAGNOLE.

C'est pas encore à vous ! dites un mot, et je conduis mon épouse et mon beau-père dans Alexandrie, où les Autrichiens sont encore.

ROSELLA.

Oh ! mon père, dites oui !

CARMAGNOLE.

Oui, oui ; dites oui ! ou sinon, j'attends les Français dont mon grand-père en était... je leur lis une proclamation... oui, tout bête que je suis, j'en ai composé une de proclamation ! la voilà ! avec ces mots qui font de la peine : « Soldats Français, je suis le petit-fils d'un quelqu'un de chez » vous ; le sang français est mon sang naturel, mon brave grand-père est » mort de vieillesse, je brûle de l'imiter. » Rien que ces paroles déchirantes... monté dessus quelque chose, et avec émotion, toute l'armée va me sauter au cou.

MIKÉLI.

Comment, tu serais capable de renier le Piémont, ton pays...

CARMAGNOLE.

Pourquoi me laisse-t-il dans la misère, mon pays? voilà-t-il pas un beau sort, que j'ai? plus d'habits, tout mon restant sur le dos... des meubles... rien, plus de lit; comment, monsieur, la nuit, je dors sur mon enclume; le jour, je crève de faim, et j'engraisse! voilà le taquinant... j'engraisse... quand j'ai le ventre creux, on m'appelle gros plein de soupe... laissez donc... c'est décourageant!

ROSELLA.

Mon pauvre Carmagnole.

CARMAGNOLE.

Aussi, il n'y a que toi, Rosella, que je regrette... ce n'est pas ton père qui m'a amené dans le pays pour me faire mon malheur.

MIKÉLI.

Comment! comment!

CARMAGNOLE.

J'étais maréchal-ferrant à la ville, vous m'engagez à venir m'établir ici, vous me promettez tous les chevaux de l'endroit, et depuis un an que j'y suis, je n'ai trouvé que des ânes... dans l'endroit.

MIKÉLI.

Assez causé, mon garçon, je ne me soucie pas de tomber entre les mains de l'ennemi! bon courage! et au revoir!

ROSELLA.

Mais mon père, s'il reste, on le tuera, et vous en serez cause.

MIKÉLI.

Je ne l'empêche pas de venir; mais je ne m'engage à rien.

CARMAGNOLE.

Bon! eh bien! c'est fini, mon parti est pris... je cherche mon point de départ, je m'enrôle dans l'armée française... je deviens général, d'ici à quinze jours... et j'épouse Rosella, malgré vous, et malgré le roi de Sardaigne.

MIKÉLI.

Tu es trop capon, pour ça... écoute, quand tu seras général, je te donnerai Rosella de bon cœur.

CARMAGNOLE.

Dans ce cas-là au revoir, ma petite femme... père Mikéli, avant bientôt vous aurez de mes nouvelles.

MIKÉLI.

Au revoir donc, général!

CARMAGNOLE.

Bon! bon! allez votre train...

MIKÉLI.

Vraiment, ce garçon-là est d'une bêtise amère, il resterait par obstination!.. mais malheureux, tu ne sais donc pas ce que c'est que les Français?

CARMAGNOLE.

Tiens, c'est vous qui me l'apprendrez, peut-être?.. les Français sont des Français...

MIKÉLI.

Les Français sont des farceurs...

CARMAGNOLE.

Des farceurs!

MIKÉLI.

Quand ils verront qu'un imbécile comme toi, veut prendre du service avec eux, ils t'en feront avaler de toutes les couleurs...

CARMAGNOLE.

Ah! bah!

MIKÉLI.

Afin de voir si t'as du courage, ils te feront les cent coups... Sais-tu ce que c'est que les Francs-Maçons?..

CARMAGNOLE.

Tiens... Pardine, je n'ai entendu parler que de ça... avant d'en être on vous essaie... on vous fait des surprises... des bamboches... un tas de machines...

MIKÉLI.

Oui, des épreuves... eh bien! ils t'en feront subir de solides, comme à mon frère Tonio, dans le temps, qu'avait fait aussi la bêtise de s'engager chez eux... sous le prétexte qu'il avait maraudé des poules... ils l'ont jugé. et ils l'ont pendu !

CARMAGNOLE et ROSELLA.

Pendu !..

MIKÉLI.

C'est-à-dire. pendu pour la frime !

CARMAGNOLE.

On l'a donc décroché !.. ah ben ! alors. c'était pour rire ! ils s'amusaient entr'eux... satanés farceurs !... on ne peut pas s'ennuyer avec des gens comme ça.

ROSELLA.

Excepté que mon oncle Tonio. a manqué en mourir de peur.

MIKÉLI.

Et qu'il en a gardé un tremblement dans le cou. qui fait de sa tête une girouette.

CARMAGNOLE.

Ah ! ça. c'est une disposition dans votr' famille.

MIKÉLI.

Ou bien. ils te diront que t'as fait un mauvais coup, et ils te donneront la savate ; ils te mettront en sentinelle perdue, la nuit : si tu t'endors, ils te condamneront à être fusillé, et puis, quand t'auras eu bien peur, ils te feront grâce. et ils te feront payer à boire.

CARMAGNOLE.

Ça m'est égal, ils peuvent me pendre. ils peuvent me fusiller, ils peuvent me couper en quarante quatre mille morceaux ! du moment que c'est pour rire. ça m'est égal !

MIKÉLI.

Te voilà prévenu. bonne chance... viens. Rosella.

(On entend un coup de canon.)

ROSELLA.

Mon Dieu ! v'là que ça s'approche ! de grace, venez avec nous...

CARMAGNOLE.

Ça dépend de ton père. (A Mikéli.) Me la donnez-vous, si je pars ?.. une fois ?.. deux fois ?..

MIKÉLI.

Non. mille fois non ! va-t-en au-devant de tes farceurs de Français... je suis Piémontais, moi ! et je reste Piémontais !

CARMAGNOLE, à part.

Savoyard, va ! (Haut. Sans rancune. poignée de main, père Mikéli... ma petite Rosella. ne pleure pas. je sens là quelque chose qui me dit que bientôt tu seras ma femme !

AIR des Chemins de fer.

Allons, ma chère, prends courage.
Un meilleur temps pourra venir,
Le soleil brille après l'orage.
En rose je vois l'avenir.

Allons, ma chère prends courage, etc.

ENSEMBLE.

ROSELLA et MIKÉLI.

Adieu, mon ami, prends courage, etc.

Mikéli et Rosella s'éloignent.

SCÈNE V.

CARMAGNOLE. seul, les suivant des yeux.

Adieu. Rosella ! adieu. ma petite femme... (Essuyant ses yeux.) Ça fait mal. tout de même de se quitter comme ça...Ah ! les Français sont des farceurs ! Eh bien ! tant mieux. ça me va... il a très-bien fait de me prévenir... Je vas me tenir sur mes gardes. je leur en ferai aussi moi. et des rudes ! ah ! mes gaillards !.. Voyons... si je pouvais trouver une bonne niche...(Il s'assied sur un banc et réfléchit.)

SCÈNE VI.

CARMAGNOLE. UN INCONNU. vêtu en colporteur, arrivant par le pont.

L'INCONNU.

Voici bien le village de San-Giuliano. le pont et l'arbre désignés dans ma lettre au général autrichien? j'arrive avant les Français... hâtons-nous de remplir ma mission...   (Il regarde autour de lui.)

CARMAGNOLE, se levant.

Tiens, un étranger.

L'INCONNU, l'apercevant.

Ah! mon ami...

CARMAGNOLE.

Monsieur...

L'INCONNU.

Etes-vous de ce village?..

CARMAGNOLE.

J'en suis encore, mais bientôt je n'en serai plus.

L'INCONNU.

Vous allez donc partir avec les autres...

CARMAGNOLE, à part.

Est-ce qu'il saurait?.. (Haut.) Où?.. avec les autres? lesquels?

L'INCONNU.

Toutes les maisons sont fermées... et les boutiques par conséquent...

CARMAGNOLE.

Dam!.. attendu qu'il n'y a plus de marchands...

L'INCONNU.

Et. sans doute, ils ont tout emporté?..

CARMAGNOLE, à part.

Oh!.. que c'est bête. on voit ben que c'est un étranger. (Haut.) Ils se sont bien gardés de rien laisser.

L'INCONNU.

Tant pis, j'aurais voulu acheter quelques gros clous!

CARMAGNOLE.

Des clous!.. pour ferrer votre cheval, peut-être... ça se trouve bien... je suis maréchal-ferrant... avez-vous besoin d'être ferré?..

L'INCONNU.

Vous avez des clous!.. là, sous la main?...

CARMAGNOLE.

Ah ça! mais...qu'est-ce donc qu'il a. ce monsieur?..certainement. j'en ai... dans ma maison. à côté.

L'INCONNU.

A merveille! eh bien! il ne tient qu'à vous de gagner cette pièce d'or...

CARMAGNOLE.

De l'or? que faut-il faire pour ça?..

L'INCONNU.

Il faut planter à l'instant six clous dans le tronc de cet arbre... à hauteur d'homme ..

CARMAGNOLE.

Six clous? dans cet arbre?..

L'INCONNU.

Oui. dans cet arbre!

CARMAGNOLE, riant d'un air malin.

Hum! hum!.. voyons! voyons... dites donc. mon cher ami, de quel pays êtes-vous?

L'INCONNU.

De quel pays?..

CARMAGNOLE.

Oui, oui, je parie que vous êtes Français.

L'INCONNU.

Mais pourquoi?

CARMAGNOLE.

C'est que vous êtes un fameux farceur... un louis, pour planter six clous! en voilà une bonne d'attrape.

L'INCONNU.

Du tout! payé d'avance... le voici!

CARMAGNOLE.

Comment, mais tout reluisant... tout reluisant... l'idée n'est pas mauvaise; allons, on les fait bonnes dans votre pays.

L'INCONNU.

Vous acceptez?..

CARMAGNOLE.

Gouailleur, méchant gouailleur!.. il va me le reprendre... ah! ça... il vous faut peut-être des clous bien gros pour ce prix-là?..

L'INCONNU.

La grosseur n'y fait rien... il suffit qu'ils soient plantés de manière à être vus... et à ne pouvoir être arrachés par les enfans...

CARMAGNOLE.

D'abord, les enfans, il n'y en plus dans le village... et puis, vous n'avez pas affaire à un conscrit. . Je les enfoncerai jusqu'à la tête...

L'INCONNU.

Très bien! mais, hâtez-vous!.. si vous tardiez un instant cela deviendrait inutile...

CARMAGNOLE, riant.

Je crois bien, vous avez raison... faut que ça serve à quelque chose...je n'y mets!..

L'INCONNU, lui tendant la main.

Je puis compter sur vous.

CARMAGNOLE, qui tendait la main où est la pièce d'or, la retire pour lui donner celle où il n'y a rien.

Oh! je suis un honnête garçon... qui ai toujours loyalement gagné mon argent... d'ailleurs, je vais commencer devant vous. (A part.) Mais, c'est qu'il ne le reprend pas... si le père Mikéli était là... lui qui m'appelait malheureux...quelle chance, quelle chance!..   (Il entre dans sa cabane.)

L'INCONNU.

Une fois assuré de l'exactitude de ce garçon, il faudra que je m'éloigne : rester plus long-temps ici, serait une imprudence! je n'ai pu arriver plus tôt, et peut-être on est déjà venu.

CARMAGNOLE, rentrant.

Voilà!.. voilà! regardez-moi ces clous-là, première qualité... des pointes comme des aiguilles!.. vous y mettez le prix... mais aussi c'est joli... c'est de la belle marchandise... (Il enfonce trois clous.) Hein?.. je dis que ça tient joliment...

L'INCONNU.

Vous savez qu'il en faut six...

CARMAGNOLE.

Oui, oui.

L'INCONNU.

Très bien.   (Il s'éloigne à travers le taillis.)

CARMAGNOLE.

Comme ça, hein? (Se retournant.) Eh bien! il n'y est plus... je vois ce que c'est. c'est une épreuve... il me laisse à moi-même, pour voir si j'ai de la probité. attends. attends... je te vas montrer que je suis un honnête homme?.. Sept, huit, neuf, dix, onze, douze, treize... J'espère que la voilà complète la farce... ah! tu me dis de t'en mettre six... attends, attends... je dois encore en avoir dans un vieux tiroir... faut que tout y passe, un louis!.. mais un cent de clous, ça ne serait pas encore assez. (Bruit de tambour.) Tiens! v'là les Français qui approchent, ah! pour sûr il en est... il sera allé leur conter sa plaisanterie, eh bien! ils peuvent m'en faire comme ça tant qu'il voudront à un louis la pièce... Je vas continuer devant eux.

Il entre dans sa cabane : à peine a-t-il disparu, qu'un officier autrichien, enveloppé d'un manteau, s'approche mystérieusement de l'arbre, compte les clous, et fait un geste de surprise.

L'OFFICIER AUTRICHIEN.

Treize! treize!.. courons porter cette nouvelle au feld-maréchal.

SCÈNE VII.

CARMAGNOLE, puis LOREAU. SOLDATS FRANÇAIS.

CARMAGNOLE, rapportant des clous.

Encore douze, c'est le restant!.. (Il plante des clous. C'est égal, il est très amusant, ce monsieur, un louis!.. il en aura pour son argent...quand il n'y en a plus, il y en a encore... allez donc... allez donc...   (Il chante.

» Ah! que les plaisirs sont doux....

» Quand on a des clous...

» Traderidera...

Pendant ces derniers mots on a vu paraître sur le pont le sergent Loreau suivi d'un tambour et de quelques hommes. Carmagnole occupé à planter ses clous ne les aperçoit pas,

LOREAU, qui est arrivé sur la scène

Décidément, ce village est abandonné... ah! enfin... voilà un paysan... il va nous dire... (Il s'avance derrière Carmagnole, et lui frappe sur l'épaule en lui disant:) Eh! l'ami...

CARMAGNOLE, surpris.

Hein? qui va là?

LOREAU.

Français...

CARMAGNOLE.

Vous êtes français... parole d'honneur!.. (Aux soldats.) Vous aussi... vous aussi... vous aussi... et le tambour aussi?.. oh! je suis bien enchanté de vous voir.

LOREAU.

Que faisais-tu là?

CARMAGNOLE.

Là? ah! rien... des bêtises. (Regardant les soldats.) Qué beaux hommes... qué belle race!..

LOREAU.

Où est le municipal de ton endroit?

CARMAGNOLE.

Le municipal? qui ça, le municipal?..

LOREAU.

Eh! oui... le bailli, le podestat, le bourgmestre... comme tu voudras!

CARMAGNOLE.

Ah! c'est l'autorité que vous demandez? bien, bien... je vas vous dire; Français: pour l'instant, je représente à moi seul toutes les autorités de l'endroit.

LOREAU.

Toi?..

CARMAGNOLE.

Pas vrai, ça vous semble drôle... c'est pourtant pas une colle!.. (D'un air malin.) Je ne suis pas français, moi, c'est-à-dire... quand je dis que je ne suis pas français j'ai l'intention de le devenir.

LOREAU.

Quel galimatias nous fait-il là?

CARMAGNOLE.

Non... v'là c' que c'est... ce matin, quand on a appris que vous approchiez... notre podestat... (A Loreau.) C'est un podestat, ici...

LOREAU.

Après?

CARMAGNOLE.

C'est que vous disiez un municipal... notre podestat a donc rassemblé tout le village sur la place... il nous a dit : « Mes enfans... voilà ces brigands » de Français qui arrivent...

TOUS, le menaçant.

Insolent!..

CARMAGNOLE.

Mais, c'est pas moi... quand je vous dis que c'est le podestat... un vieux, très chagrin, très grognon... ça lui dérangeait ses petites habitudes à cet homme, il ne faut pas lui en vouloir... voilà donc qu'il dit : « Ces brigands » de Français...

LOREAU.

Ah ça! dis donc, clampin, je crois que tu fais aller les anciens avec ton air bête...

CARMAGNOLE.

Moi, Français, moi, faire aller un peuple que j'estime, que je porte dans mon cœur... une nation, dont je brûle d'en être membre.... ah! vous me faites bien de la peine, Français.

LOREAU.

C'est bon! c'est bon... pleurard!.. si tu nous aimes... faut le prouver... nous mourons de chaud et de soif...

CARMAGNOLE.

Vous mourez de soif, comme ça se trouve!.. je n'ai que des clous! et en-

core ils sont enfoncés... mais la fontaine du village est à deux pas... une eau
claire comme un vrai cristal...

LOREAU.

A-t-on jamais vu!.. cet animal!.. de l'eau à l'avant-garde de la 35e demi-
brigade !

CARMAGNOLE.

Comment, vous êtes l'avant-garde de la 35e demi-brigade?.. de cette in-
trépide 35e demi-brigade!.. de cette colossale 35e...(A part.) Je n'en ai jamais
entendu parler, mais c'est égal, ça les flatte. (Haut.) Je vous aurais bien of-
fert du vin, parbleu... mais il n'y en a plus une goutte dans le pays... notre
podestat a dit qu'il fallait tout boire... toujours à cause de l'arrivée de ces
brig... cause de votre arrivée, Français.

LOREAU.

Quel chien de pays! allons, camarades, je vois que nous serons forcés
de doubler l'étape...

CARMAGNOLE.

Ah! oui... c'est une bonne idée que vous avez là, Français... si vous
pouvez tant seulement gagner le village de Marengo... qui est à une petite
lieue d'ici... vous y trouverez du vin, du lard, une foule de pommes de
terre, toutes les douceurs de la vie, quoi!..

LOREAU.

Eh bien! c'est ça, prends ton sac et tes quilles; toi, l'enflé, tu va nous
servir de guide.

CARMAGNOLE.

Ah! non.

LOREAU.

Hein?

CARMAGNOLE.

Ah! non.

LOREAU.

Comment?

CARMAGNOLE.

Je dis... ah! non, c'est pas une personnalité, vous êtes trop susceptible,
sergent... puisque je vous répète que j'admire les Français...et que toute
mon ambition, c'est d'être admis sous les drapeaux de la victoire, avec un
habit bleu, un plumet, une cocarde... toute la boutique, quoi...

LOREAU.

Tu veux endosser notre uniforme? c'est une autre paire de manches...
voyons! tiens-toi droit... fixe, immobile.

CARMAGNOLE, se plaçant.

Les yeux à quatorze pas devant soi.

LOREAU.

A quinze pas devant soi.

CARMAGNOLE.

A quatorze pas.

LOREAU.

A quinze, qu'on te dit.

CARMAGNOLE.

Alors, c'est qu'on a augmenté d'un pas.

LOREAU, l'examine et lui frappe sur la poitrine.

Le coffre est solide... et tu veux t'enrôler?

CARMAGNOLE.

Oui, Français?

LOREAU.

Ça peut se faire; quand le commandant arrivera, je te présenterai à
lui, et tu signeras ton engagement.

CARMAGNOLE.

Bravo!

LOREAU.

Et dès ce moment, tu peux te considérer comme étant des nôtres...

CARMAGNOLE.

Bien vrai?..

LOREAU.

Mais, sais-tu que pour être admis parmi nous, il faut savoir triompher
des ennemis et des belles.

CARMAGNOLE.

Oh! les ennemis, je ne les ai pas encore vaincus; mais les belles... allez votre train!

LOREAU.

Tambour, n'as-tu pas là, sur ton sac, l'habit de ce pauvre Finard, qui s'est fait descendre à la dernière affaire?

CARMAGNOLE.

Il s'est laissé descendre, M. Finard?

LOREAU.

Ça lui ira comme un gant.

CARMAGNOLE.

Ah! vous croyez que l'habit de M. Finard...

LOREAU, lui jetant l'habit que le tambour lui a donné.

Tiens, essaie...

CARMAGNOLE.

Merci, sergent... qué beau drap!.. comme c'est cousu... comme c'est établi... et vous dites que ça m'ira. (Il ôte sa veste et endosse l'habit.) Ah! mais... ah! mais... il est un peù ginglé, l'habit de M. Finard.

LOREAU.

Bah! bah! ça se fera en marchant.

CARMAGNOLE.

A la bonne heure! car, comme ça... je disais... (Se promenant.) Oh! mais, c'est étonnant... depuis que j'ai sur le dos l'habit de M. Finard, je ne suis plus le même, je sens comme une envie de faire le diable à quatre... de boire et de battre, et d'être un vert-galant. Oh! vert-galant, surtout!..

Air de Plantade.

Quand j' s'rai français, je séduirai les belles,
Par des moyens qui s'ront vraiment fameux :
Je ne crains pas d'en trouver de rebelles,
Toutes vont se rendre à mes vœux
C' n'est pas qu' je m' pique :
Qu' ça soit le physique
Ou ben l' moral,
Ça m'est égal !
Tout c' que j' peux dire,
C'est qu' pour séduire ;
J' ferai z'un troupier
Qu'a du métier !
J'ai tant d'ardeur,
Dedans le cœur ;
Et tant de flamme,
Dans mon ame ;
Que j' veux qu'on m'appelle un jour,
Le beau volcan d'amour.

Vous me verrez sur le champ de bataille,
Je veux t'être un lion, je veux t'être un vautour ;
Je suis construit pour braver la mitraille,
Mais j' suis encore mieux bâti pour l'amour.
Rien qu' mon oreille
Est sans pareille,
Et j'ai tant d' feux,
Dedans les yeux ;
Qu' faut qu'on se r'cule,
Car ça vous brûle,
Quand par hasard,
J' lance un regard !..
J'ai tant d'ardeur,
Dedans le cœur ;
Et tant de flamme
Dans mon ame ;
Que j' veux qu'on m'appelle un jour,
Le beau volcan d'amour.

LOREAU.

Il est jovial, ce sera le loustic de la brigade

CARMAGNOLE.

Ah çà! Français, c'est pour tout de bon, que j' suis des vôtres... c'est pas une farce!

LOREAU, fumant et lui lâchant une bouffée au visage.

Je n'en fais jamais.

CARMAGNOLE, toussant.

Jamais, jamais, jamais... (A part.) Eh ben! qu'est-ce qu'il m'avait donc dit, ce vieux bêta de Mikéli ?.. c'est pas fort c' qui vient de m' faire-là, je suis fâché qu'ils ne m'aient pas tâté autrement que ça, parce que j'étais prévenu, et je leur z'y aurais fait voir...   (On entend le tambour.)

LOREAU, aux soldats.

Camarades, le reste du détachement ne va pas tarder à arriver, nous allons bientôt repartir.

CARMAGNOLE.

Dans ce cas-là, je vas faire mon paquet... fermer ma boutique... et en route. Quel bonheur! je suis Français... je suis sur la route de la gloire et des honneurs.   (Il rentre chez lui en reprenant le refrain de l'air précédent.)

(Le tambour s'est rapproché et l'on voit un détachement de soldats français arriver par le pont. Le colonel Elémont marche à la tête. Loreau et ses hommes se mettent sous les armes.)

SCÈNE VIII.

LE COLONEL, LE MAJOR, LOREAU, Officiers et Soldats Français.

LE COLONEL; il entre en parlant à un officier.

Oui, major, c'est bien ici l'endroit qui m'a été désigné. (Il regarde autour de lui. Voici l'arbre. (Il s'en approche.) Eh! tenez... voyez vous-même ces clous.

LE MAJOR.

En effet... mais quelle peut être la nature de ce signal?

LE COLONEL.

Je l'ignore! je soupçonne, d'après ce qu'on m'écrit du quartier-général, qu'un espion a employé ce moyen pour faire connaître nos mouvemens aux Autrichiens... et j'ai ordre de faire mon possible pour m'emparer de ce misérable.

LE MAJOR.

Ce sera difficile... car ces gens-là sont si adroits...

LE COLONEL, à Loreau.

Sergent.

LOREAU.

Mon colonel.

LE COLONEL.

Vous, qui êtes arrivé ici avant nous, n'avez-vous pas aperçu dans les alentours aucun étranger qui vous ait paru suspect.

LOREAU.

Mon Dieu, non, commandant, ce village était abandonné, et nous n'avons trouvé qu'un espèce de paysan... assez bête, par parenthèse, et que je crois un peu timbré: car, quand nous sommes arrivés, il s'amusait à planter des clous dans cet arbre.

LE COLONEL, faisant un signe au major.

Bah! et où est-il?

LOREAU.

Il va venir nous rejoindre, car il a demandé à s'enrôler parmi nous.

LE COLONEL, bas au major.

C'est cela! (Haut à Loreau.) Faites-le chercher, et qu'on l'amène ici sur-le-champ.

LOREAU.

Eh! tenez, mon colonel, justement, le voici.

SCÈNE IX.

LES MÊMES, CARMAGNOLE; il porte un petit paquet.

CARMAGNOLE.

Voilà ce que c'est... quand on voudra partir...

LE COLONEL, à Loreau.

Veillez à ce qu'il ne puisse s'échapper.

LOREAU, étonné.

Quoi, mon colonel... ce garçon.

LE COLONEL.

C'est un espion!

CARMAGNOLE, apercevant le colonel.

Ah! ah! en voilà des nouveaux... Oh! oh! c'est des gros bonnets...il s'agit d'avoir de la tenue. (Il se redresse, et met ses mains sur la couture de sa culotte.) Le petit doigt sur la couture de la culotte.

LE COLONEL, l'examinant.

Qui croirait qu'avec une pareille figure...

CARMAGNOLE.

Il me trouve bel homme... bien sûr.

LE COLONEL.

Approche...

CARMAGNOLE.

Présent!

LE COLONEL.

C'est toi qui a planté ces clous?

CARMAGNOLE.

Ah! vous l'avez donc vu? il vous l'a dit, je savais bien qu'il allait leur dire... oui, oui, un peu, que c'est moi. (A part.) C'est drôle, tout de même, je ne le vois pas parmi eux, mon farceur de ce matin.

LOREAU.

L'infâme gredin!

CARMAGNOLE, regardant le colonel qui parle à voix basse à un des officiers.

Il est enchanté de moi. (Criant.) Vivent les Français, mes braves compatriotes...

LOREAU.

Oui, oui, cache ton jeu... scélérat!

CARMAGNOLE.

Je crois que c'est le moment de lire ma proclamation. (Il tire un papier de sa poche et commence à lire.) «Français... le moment est venu...

LE COLONEL.

Sergent.. arrêtez cet homme, conduisez-le en lieu de sûreté.

CARMAGNOLE, regardant autour de lui.

Qui ça... qui ça qu'on arrête? j'en suis...

LOREAU.

Toi, parbleu...

CARMAGNOLE.

Moi?..

LE COLONEL, au major.

Major... vous voudrez bien donner des ordres pour que le conseil de guerre s'assemble immédiatement.

CARMAGNOLE.

Le conseil de guerre... pourquoi faire? hein?

LOREAU.

Pour te juger, donc?

CARMAGNOLE, étonné.

Me juger?.. le conseil de guerre?.. (Il est frappé d'une idée subite.) Ah! bon! bon! j'y suis! voilà la chose qui commence, on va me tâter... Je disais aussi, on ne me tâte pas.

LOREAU.

Malheureux! faire vil métier d'espion...

CARMAGNOLE.

Ah! je suis un espion... un scélérat d'espion... bon! bon! allez votre train... appelez-moi si vous voulez, déserteur, maraudeur, spadassin, férailleur... ça m'est égal, battez-moi, pendez-moi, fusillez-moi... je vous prouverai que j'ai du cœur comme un Français.(A part.)Et que je suis aussi malin que vous.

LOREAU, lui donnant une bourrade.

Marche!

CARMAGNOLE.

Oh! oh! qu'c'est bête! non, non elle est drôle, ça commence bien! oh! si ça continue nous allons nous tordre.

CHOEUR DES SOLDATS, le poussant.
Air de Robert le Diable

De ta trahison infâme !
Oui, nous saurons nous venger
Et personne, sur mon âme,
Ne pourra te protéger.

CARMAGNOLE, se frottant les reins

Allez votr' train, j' vous prie,
Je ne me fach'rai pas vraiment...
J'aim' la plaisanterie
Surtout, quand on la fait gaîment !

ENSEMBLE.

De ma trahison infâme !
Messieurs, il faut vous venger...
A part)Par mon sang-froid, sur mon âme.
Je vais les faire enrager.

CHOEUR.

De la trahison infâme, etc.   On l'emmène.

SCÈNE X.

LE COLONEL, LE MAJOR, LOREAU. OFFICIERS.

LE COLONEL, aux officiers.

Messieurs, je ne vous cache pas que notre situation est dangereuse... nous sommes séparés de notre corps d'armée, et entièrement isolés au milieu de ces bois... et de ces ravins... si nous ne pouvons rejoindre la division du général Gardanne... nous risquons d'être enveloppés par l'ennemi... et maintenant que les espions s'en mêlent... aussi le misérable que nous avons saisi paiera pour tous. Sergent Loreau, placez ici un factionnaire. Suivez-moi, messieurs, nous allons reconnaître la position.

(Il sort avec les officiers.)

SCÈNE XI.

LOREAU, SOLDATS.

LE CAPORAL,

Ah ! ça... dites donc, sergent... est-ce que nous allons bivouaquer longtemps ici ?..

LOREAU.

Ça dépend de l'idée du commandant... si le commandant il veut qu'on s'en aille, on s'en ira.

UN SOLDAT.

Le village est abandonné.

LE CAPORAL.

Et nous n'avons pas mangé depuis trente-six heures.

LOREAU.

Ça ne vous regarde pas.

LE CAPORAL.

D'abord, si ça continue... je déserte le tabernacle et j'irai prendre du pain où on m'en donnera.   (Il jette son fusil.

TOUS, jetant leurs fusils.

Il a raison.

LOREAU.

De quoi ! de quoi vous plaignez-vous? comment, grace à votre courage, le drapeau tricolore flotte sur les murs de vingt capitales... les peuples gémissent dans l'esclavage, vous accourez, ils sont libres... et vous vous plaignez !.. A part ce malheureux village où il n'y a rien !.. Vous êtes dans cette belle Italie, séjour de l'abondance... et vous avez faim !.. pour arriver ici, vous avez gravi, vous avez brisé, pulvérisé des montagnes... planté votre drapeau sur le sommet du mont St-Bernard, vous êtes restés vingt jours dans la neige jusqu'aux genoux, et vous vous plaignez !..quand maintenant, vous allez avoir chaud, quand le vin va couler comme les torrens que vous avez franchis. Le premier qui parle, on lui donne son congé... et il ne pourra pas dire un jour à ses enfans : « J'ai servi dans le » peloton du sergent Loreau, dit RISQUE-TOUT...J'étais de l'armée d'Italie et » compagnie.

LE CAPORAL, ramassant son fusil.

Allons, c'est bon! c'est bon! on reste... n'en parlons plus; ce n'est pas moi qui parlais, c'est mon estomac.

LOREAU.

Un soldat n'écoute que son cœur. Allons, ramassez vos armes. D'ailleurs, est-ce que ma femme, ma Catherine, la meilleure vivandière de l'armée ne va pas bientôt revenir, elle et des provisions...

TOUS.

La voilà!

LOREAU.

Je vous le disais bien.

SCÈNE XII.

LES MÊMES, CATHERINE.

Air : du Final de l'Autorité dans l'embarras

CHŒUR.

C'est elle enfin !
Voici du vin,
Du pain
De l'eau-de-vie,
Buvons, puisqu'elle nous convie.
C'est autant d' pris
Sur les enn'mis,

CATHERINE.

Plein d'honneur,
De valeur,
Quand vous soutenez la victoire
A chacun son emploi
C'est moi
Qui doit nourrir la gloire.

ENSEMBLE.

CHŒUR.	CATHERINE.
C'est elle enfin, etc.	J'arrive enfin, etc.

CATHERINE.

Et je vous réponds que ça n'est pas sans peine; allons, mon homme, maintenant qu'ils en ont tous, fais comme eux.

LOREAU.

Un instant, un instant, c'est-y vrai que tout le monde en a?

TOUS.

Oui, oui...

LOREAU.

Eh! ben, alors, Catherine... c'est pas de refus... car, tout à l'heure, je les appelais gourmands, et si j'avais aperçu un morceau de pain, j'y aurais fais de drôles de z'yeux.

CATHERINE.

Eh ben! mes vieux loups... vous voilà gentils comme des agneaux, je parie que vous commenciez à vous impatienter?

LOREAU.

Je crois bien, ils voulaient prendre leur congé sous la semelle de leurs souliers.

UN SOLDAT.

Ça serait difficile, nous n'en avons pas.

LOREAU.

Qu'est-ce qu'a parlé?

LE SOLDAT.

C'est moi.

LOREAU.

C'est toi, Cramaillon, avance à l'ordre. (Le soldat s'avance; il a les pieds entourés de paille.) Le fait est que v'là de coquets escarpins. Mais, le citoyen premier Consul a dit : « Avec du fer et du pain on va partout » il n'a pas parlé de chaussures... pars de là.

(Il fait pirouetter le soldat qui rentre à son rang.)

CATHERINE.

Je leur z'y conseille de vouloir filer... où ça trouveriez-vous un sergent comme mon homme... et une vivandière comme Catherine, qu'en a toujours de la soignée, et qui fait des crédits indéfinis.

LE SOLDAT.

Avec deux yeux noirs, et une taille...

CATHERINE.

C'est bon! c'est bon! mange donc ta croûte, toi, maigriot. Allons, pour votr' dessert, on va vous chanter la romance du troupier.

AIR : de Gasparo. RIFAUT.

Tin, tin, tin,
Une vivandière,
Tin, tin, tin,
A l'humeur guerrière !
Riche d'amour et de cognac,
Doit partout fidèle troupière :
Pour charmer l'ennui du bivouac,
Vous offrir son cœur et son verre.
Un verr' de vin,
Pour boire à la victoire !
Un verr' de vin
Du fantassin,
C'est le réveill' matin.

CHOEUR.

Un verr' de vin, etc.

LOREAU.

Tin, tin, tin,
Multiplions les rasades,
Tin, tin, tin,
Trinquons camarades.
Le coude en haut, le verre en main,
Buvons, chantons, faisons ripaille :
Qui sait si nous boirons demain?
C'est demain un jour de bataille !
Un verr' de vin, etc.

CHOEUR.

Un verr' de vin, etc.

UN FACTIONNAIRE, au fond.

Qui vive !

ROSELLA, au dehors.

Qu'est-ce qu'il faut répondre ?

LOREAU.

Oh! qué petite voix ! (Allant regarder.) Une femme! (Il crie au factionnaire.) Laissez passer cotillon.

SCÈNE XIII.

LES MÊMES. ROSELLA.

TOUS LES SOLDATS, l'entourant.

Une femme! une femme!

ROSELLA, se débattant.

Mais, laissez-moi donc, messieurs, laissez-moi donc.

LOREAU, les repoussant.

L'enfant a raison : le troupier français doit respect au sexe, c'est dans son essence... et le premier qui s'émancipe. (S'approchant de Rosella la main au chapeau.) Hommage à la beauté.

CATHERINE, le prenant par le bras et le faisant passer de l'autre côté.

C'est bon, c'est bon! monsieur l'enflammé, c'est moi qui s'en charge de c'te jeunesse... voyons, ma petite belle... n'ayez pas peur... la mère Catherine vous prend sous son aile.

ROSELLA.

Vous êtes bien bonne, madame.

LOREAU.

Dites donc la petite mère, savez-vous que ça n'est pas prudent, à votre âge, de courir les champs comme ça toute seule.

ROSELLA.

Dam! monsieur le militaire, c'est pas ma faute... je me sauvais avec mon père; nous avons été poursuivis par des cavaliers français, mon pauvre père a été pris, moi, je leur ai échappé; et ne sachant plus où aller, je suis revenue dans ce village, où j'espérais retrouver quelqu'un...

CATHERINE.

Un amoureux, je parie...

LOREAU.

Tiens... elle est assez gentille pour ça.

CATHERINE.

On ne te demande pas ton avis, bouffi!

LOREAU.

C'est bon, rageuse. (A Rosella.) Et comment s'appelle-t-il ce chéri?

ROSELLA.

Carmagnole!

LOREAU.

Tiens, comme la chanson de la république. l'une et invisible...je connais pas.

ROSELLA.

Il était resté tout seul dans ce village, parce qu'il aime les Français. et qu'il voulait s'engager avec eux.

LOREAU.

Attendez donc, attendez donc, c'est-il pas un blond ardent, tirant sur la carotte?

ROSELLA.

Juste... l'auriez-vous rencontré?..

LOREAU, à part.

C'est notre espion. (Haut.) Oui, oui, nous l'avons rencontré. (A part.) Pauvre fille, faut pas lui dire...

ROSELLA.

Et savez-vous où il est, maintenant?

LOREAU, embarrassé.

Maintenant... mais dam! il est peut-être loin... et...

ROSELLA.

Oh! faites-moi conduire auprès de lui... je vous en prie...

CATHERINE.

Mais... dis-y donc tout de suite à c't'enfant... où est son amoureux.

LOREAU.

Tais ton bec, toi, et emmène-la; elle me fait de la peine.

CATHERINE.

Cependant...

LOREAU.

Assez causé, Catherine, obéis à ton chef, ou je bats la générale.

CATHERINE.

Brutal! (A Rosella.) Allons... venez avec moi, mon enfant.

AIR : Partons, vite, vite.

Suivez-moi, ma chère;
Bientôt en ces lieux,
Vous pourrez j'espère,
R'voir votre amoureux.

CHOEUR.

Suivez-la, ma chère, etc.   Elle sort avec Rosella.

SCENE XIV.

LOREAU, Soldats, puis LE COLONEL Les Officiers, composant le conseil de guerre.

LOREAU.

Pauvre jeune fille, elle arrive là bien mal à propos pour voir fusiller son amoureux. (Il essuie une larme.) Ah! mais, v'là le conseil... attention, vous autres... (Tous les soldats se rangent. Le colonel Blémont et les officiers entrent, et vont se placer autour d'une table que deux soldats apportent.)

LE COLONEL.

Vous savez déjà, messieurs, le sujet pour lequel le conseil est rassemblé.

UN OFFICIER.

Oui, Colonel.

LE COLONEL.

Dans la position critique où se trouve notre corps d'armée, il importe d'effrayer les espions par un exemple prompt et terrible. (A Loreau.) Faites venir l'accusé.   (Loreau sort, le conseil se forme. Musique.)

<h2>SCÈNE XV.</h2>

LES MÊMES, LOREAU, CARMAGNOLE, amené par quatre soldats. Il entre en dansant.

CARMAGNOLE.

Vivent les Français! vive la victoire! vive tout!

L'OFFICIER.

Silence, en présence du conseil.

CARMAGNOLE.

C'est juste!.. oh! ça, c'est trop juste, par exemple!

LOREAU, à part.

A-t-il l'air dégagé, ce coquin-là!

CARMAGNOLE, à part.

Il paraît que la drôlerie continue de plus fort en plus fort... de l'aplomb; il s'agit d'être reçu!

LE COLONEL.

Faites asseoir l'accusé.   (On lui avance un tambour.)

CARMAGNOLE.

Vous êtes bien honnête! mais j'ai peur de crever le fauteuil... je suis un peu lourd de ma nature.

LE COLONEL.

Asseyez-vous...

CARMAGNOLE.

Si ça vous fait plaisir. Il s'assied et crève le tambour. Oh! je vous l'avais bien dit. A part. Encore une, je m'y attendais...

LE COLONEL.

Ou cet homme ne comprend pas sa situation, ou son courage était digne d'une autre destinée...Le conseil commence. (Roulement de tambours.)

CARMAGNOLE.

Nous allons rire...

LOREAU.

Silence, criminel.

CARMAGNOLE.

Oh! vous, là-bas! criminel; dites donc, vous n'êtes pas tribunal.

L'OFFICIER.

Silence!

CARMAGNOLE.

Oh! très bien! vous, très bien! mais lui, pas! non, non, lui pas.

LE COLONEL.

Messieurs, en vertu des pouvoirs qui me sont confiés par le général en chef, tant pour maintenir la discipline de l'armée, que pour veiller à sa conservation: moi, Charles Blémont, commandant la 35ᵉ demi-brigade d'infanterie de l'armée d'Italie, j'ai convoqué le conseil pour juger ce paysan piémontais, accusé d'espionnage et de trahison envers l'armée française.

CARMAGNOLE, à part.

Où diable vont-ils chercher tout ça... ont-ils reçu une éducation, ces gens-là. Haut. Allez votre train.

LOREAU.

J'admire son sang-froid!

LE COLONEL.

Accusé, vos nom et prénoms.

CARMAGNOLE.

Pierre Carmagnole. A part. Notez qu'il les sait aussi bien que moi.

LE COLONEL.

Votre âge ?

CARMAGNOLE.

Il y a dix-neuf ans que j'ai vingt ans, et j'vas avoir tout ça ensemble à Pâques-Fleuries.

LOREAU, à part.

C'est-à-dire qu'il ne les aura jamais, le pauvre diable.

LE COLONEL.

Votre profession...

CARMAGNOLE.

Ex-maréchal ferrant, et je pourrais dire, passé maître... personne ne plante un clou de cheval... à preuve... que le sergent m'a vu, là, ce matin.

LOREAU.

Je crois bien, que je t'ai vu... gredin !

LE COLONEL.

Ainsi, vous avouez que c'est vous qui avez planté les clous à cet arbre.

CARMAGNOLE.

Je crois ben que j'avoue.

LE COLONEL.

Dans quel but ?..

CARMAGNOLE.

Ah ! voilà ! dans quel but ?.. pour gagner mon argent, donc... je vous en souhaite, des clous à ce prix-là.

LE COLONEL.

Le malheureux ! et n'avez-vous rien à dire pour votre défense ?

CARMAGNOLE, se levant.

Ma foi non !.. quand je dis ma foi non, ma foi si !.. Pour ma défense, je vous dirai que je suis un espion de naissance, un gueux d'espion ; à l'école, en bas-âge, j'étais un rapporteur, je dénonçais mes camarades : plus tard, je devins un tyran, je m'attaquais aux animaux les plus naïfs ; mon nom est en exécration chez les pierrots, cet insecte volatile... quand on prononçait le nom de Carmagnole devant un pierrot, il se sauvait en criant : Ah ! seigneur ! Mais aujourd'hui, c'est du sang qu'il me faut ; oui, j'en conviens, je suis un profond scélérat, j'ai planté une quantité exorbitante de clous, et j'en aurais planté bien davantage si l'on ne m'avait pas interrompu... et voilà !   (Il se rassied.)

LE COLONEL.

Pouvez-vous signaler d'autres personnes avec qui vous auriez eu des intelligences.

CARMAGNOLE.

Ah ! ça non, par exemple, je n'ai jamais eu d'intelligence... c'est connu ! c'est moi seul qu'a fait le coup... et je m'en vante. (A part.) J'espère que je les enfonce horriblement.

LE COLONEL.

Vous l'entendez, messieurs, il ne vous reste plus qu'à prononcer...
                        (Le conseil va aux voix. Musique pendant ce temps.

LOREAU.

Criminel... vous avez du cœur... c'est moi qui vous le dis.

CARMAGNOLE.

vous êtes content, Français ?.. ça me fait bien plaisir... (A part.) Avec ça, le père Mikéli a bien fait de me prévenir... car ils ont un air sérieux... qui n'est pas plaisant du tout....

L'OFFICIER.

Tambour, faites faire silence...   (Roulement.)

LE COLONEL, se plaçant au milieu du cercle.

Levez-vous, accusé. — Ouï les aveux réitérés de l'accusé... le conseil de guerre, jugeant sans révision, condamne Pierre Carmagnole, piémontais, convaincu d'espionnage et d'avoir tenté de livrer les secrets de l'armée française à l'ennemi, à être passé sur l'heure par les armes... sur la place même du village de San-Giuliano... Fait dans ce village le etc, etc.

CARMAGNOLE.

Et cœtera, et cœtera, et cœtera... quel caractère ! quel aimable caractère !

LOREAU, après avoir pris les ordres du colonel.

Criminel... il vous reste un quart-d'heure pour vous préparer à la mort.

CARMAGNOLE, lui frappant sur le ventre.

Allons donc. (Il lui porte des bottes.) Une, deux...

LOREAU.

Son intrépidité ne se dément pas.

LE COLONEL.

Sergent, le condamné est remis à votre garde... vous ne laisserez personne communiquer avec lui.

LOREAU, bas au colonel.

Colonel... il y a là une jeune fille qui se dit sa fiancée... et qui voudrait bien le voir encore une fois...

LE COLONEL.

Soit!.. mais, elle seulement, et dépêchez-vous d'en finir... d'un moment à l'autre nous pouvons être débusqués d'ici. (Au moment de sortir il regarde Carmagnole qui s'est placé les deux mains sur les coutures de sa culotte.) Pauvre diable!   (Il fait un geste de pitié et sort suivi des officiers.)

SCÈNE XVI.

LOREAU, CARMAGNOLE. Soldats.

CARMAGNOLE.

Qu'est-ce qu'il a donc avec ses z'haussemens d'épaules... ce monsieur. il n'est pas poli...

LOREAU.

Restez là... je vas la chercher.

CARMAGNOLE.

Qui ça?

LOREAU.

Elle, donc...

CARMAGNOLE.

Qui, elle donc?

LOREAU.

La jeune fille. ta fiancée...

CARMAGNOLE.

Ma fiancée! vous savez que j'avais une fiancée... une petite brune... qui répond au nom de Rosella. blonde avec un collier!

LOREAU.

Juste, elle est là.   (Il entre dans la maison à gauche.)

CARMAGNOLE.

Comment. comment. Rosella en serait aussi, elle serait bien bonne par exemple... ces satanés Français. je dis qu'ils les font conditionnées; faut-il qu'ils aient l'habitude!

SCÈNE XVII.

LES MÊMES, ROSELLA.

ROSELLA. sortant de la maison

Carmagnole!.. mon ami...

CARMAGNOLE.

Ma petite Rosella... te revoilà donc!

LOREAU, bas à Carmagnole.

Vous avez cinq minutes...

CARMAGNOLE.

Pourquoi faire?

LOREAU. faisant le geste de mettre en joue.

Cinq minutes!..

CARMAGNOLE. d'un air fin.

Ah! bon!.. bon!..   (Loreau sort par le fond avec les soldats..

SCÈNE XVIII.

CARMAGNOLE. ROSELLA.

ROSELLA.

Que veut-il dire?..

CARMAGNOLE.

Oh! fais donc l'ignorante... comme si tu ne savais pas...

ROSELLA.

Mais. je te jure...

CARMAGNOLE.

Comment, tu n'es pas dans le complot, avec ton père?

ROSELLA.

Mais non...

CARMAGNOLE.

Eh ben. alors, tu vas rire... je suis condamné à mort.

ROSELLA, avec effroi.

Hein?

CARMAGNOLE.

Ris donc... tu ne vois pas qu'on me fait comme à ton oncle Tonio... Il rit aux éclats.) Et tout dans les règles... le conseil... les tambours... et puis tout à l'heure, on va venir me chercher pour me fusiller...

ROSELLA.

Te fusiller?

CARMAGNOLE.

Pour rire, toujours... et puis quand l'épreuve sera finie, quand ils en auront assez... ils récompenseront mon courage. ils me recevront sergent, puis caporal. puis général... et puis... et puis... je t'épouserai... je donnerai ma démission... et je reviendrai m'établir ici... dans mon état de maréchal-ferrant.

ROSELLA.

Quel bonheur!

CARMAGNOLE, la prenant par la main et la faisant danser.

Tra deri dera la la...   (Loreau paraît au fond, et s'arrête stupéfait.)

SCÈNE XIX.

LES MÊMES, LOREAU.

LOREAU, avec une bouteille et deux verres.

Par exemple, si je ne le voyais pas de mes deux yeux!.. (Il s'approche de Carmagnole et lui frappant sur l'épaule.) A nous deux, mon brave.

CARMAGNOLE.

Tiens! ce n'est pas de refus... j'ai une soif d'enfer, et toi, Rosella. as-tu soif?

LOREAU, bas à Carmagnole.

Vous lui avez dit?

CARMAGNOLE.

Oui, oui, elle a bien pris la chose...

LOREAU, versant à boire.

Ceci peut s'appeler le coup de l'étrier...

CARMAGNOLE.

Tiens... est-ce que vous allez partir?

LOREAU.

Non, c'est vous...

CARMAGNOLE.

Moi?

LOREAU.

Vous savez bien, le grand voyage... à votre santé.

CARMAGNOLE, donnant un coup de coude à Rosella, lui dit tout bas.

Tu vois bien! tu vois bien!.. je les fais aller et ils m' payent à boire.

LOREAU.

Dépêchez-vous, car nous allons nous porter en avant, et nous ne voulions pas laisser d'arriéré... le piquet va venir...

CARMAGNOLE.

Ah! nous allons faire une partie de...

LOREAU.

Eh! non... il s'agit... de... vous savez bien...   (Il fait signe de tirer.

CARMAGNOLE, à part.

Ça se prolonge. (Haut.) A votre santé, sergent.

LOREAU.

A la vôtre... Voici justement le piquet commandé.

CARMAGNOLE, à Rosella.

V'là le piquet... tu vas rire...

ROSELLA, à part.

C'est drôle ; je ne me sens pas rassurée, moi...

SCÈNE XX.

LES MÊMES, LE PIQUET et CATHERINE.

CARMAGNOLE.

Ah ! ça... il faut espérer que ça va s'arrêter là.

LOREAU.

Voulez-vous qu'on vous couvre les yeux... camarade ?

CARMAGNOLE.

Du tout ! je veux être français jusqu'au bout. (A Rosella.) Ça va être fini tout à l'heure.

LOREAU.

Voulez-vous commander le feu ?

CARMAGNOLE.

Ça n'est pas de refus. (A Rosella.) C'est une politesse qu'ils me font.

ROSELLA.

Dis donc ? si les fusils étaient chargés ?

CARMAGNOLE.

Puisqu'on te dit que c'est une charge... ôte-toi donc de là, tu me gênes... laisse-moi faire mon article.

LOREAU.

Catherine, emmène donc cette petite femme. Rosella sort avec Catherine.

SCÈNE XXI.

LES MÊMES, excepté CATHERINE et ROSELLA.

LOREAU, à Carmagnole.

Maintenant, quand il vous plaira.

CARMAGNOLE.

Qu'est-ce qui faut faire ?

LOREAU.

Faites porter les armes.

CARMAGNOLE, aux soldats.

Portez armes ! (Les soldats exécutent le mouvement. Ensemble ! donc, ensemble. A Loreau.) Après ?

LOREAU.

Faites apprêter armes !

CARMAGNOLE.

Apprêtez armes !

SCÈNE XXII.

LES MÊMES, LE COLONEL, LES OFFICIERS, CATHERINE, ROSELLA.

LE COLONEL.

Portez vos armes !

CARMAGNOLE.

Allons, v'là l'autre qui vient déranger tout !

Les soldats relèvent leurs armes. Le colonel s'approche de Carmagnole et lui met sans parler la main sur le cœur.

LE COLONEL.

Pas la moindre émotion ; voilà notre homme !..

CARMAGNOLE.

Ah ! enfin, c'est bien heureux. (A Rosella.) Tu vois bien, je suis leur homme !..

LE COLONEL, aux officiers.

Vous le voyez, messieurs, notre position devient de plus en plus inquiétante... nous sommes cernés dans cette gorge, par des forces supérieures...

CARMAGNOLE, à Rosella.

Ils sont cernés dans la gorge.

LE COLONEL.

Il ne nous reste qu'une chance, de salut... la cavalerie du général Kel-

lermann, est répandue dans la plaine... du haut de ces rochers, on aperçoit ses éclaireurs... en le faisant prévenir de notre situation...

LOREAU, à mi-voix.

Mais il faut pour cela passer sous le feu des Autrichiens... c'est courir à
une mort certaine... C'est égal, si vous voulez, j'irai...

LE COLONEL, de même

Non, je ne veux pas risquer un de mes braves. (Appelant Carmagnole.)
Approche, toi!.. je suis arrivé à temps n'est-ce pas?

CARMAGNOLE.

Je ne dis pas non; ça commençait à m'asticoter un peu.

LE COLONEL.

Tu as du cœur... c'est ce qu'il me faut.

CARMAGNOLE, à Rosella.

V'là que je triomphe.

ROSELLA.

Quel bonheur!..

LE COLONEL.

Ecoute. (Il le mène au fond.) Tu vas prendre ce sentier... il te mènera dans
la plaine.

CARMAGNOLE.

Bien !

LE COLONEL.

Tu rencontreras des factionnaires autrichiens, qui te crieront qui vive?

CARMAGNOLE.

Et je répondrai...

LE COLONEL.

Rien.

CARMAGNOLE.

Très bien...

LE COLONEL.

Alors, on fera feu sur toi.

ROSELLA.

Ah! mon Dieu !

CARMAGNOLE.

Hein?

LE COLONEL.

On fera feu sur toi: mais tu passeras sans y faire attention.

ROSELLA.

N'y va pas.

CARMAGNOLE, la regardant.

Laisse donc, laisse donc. (A part.) Il paraît que nous passons à d'autres
exercices.

LE COLONEL.

Tu courras jusqu'à ce que tu rencontres des cavaliers français... tu les
reconnaîtras bien?..

CARMAGNOLE.

Pardine! il y en a des grands, bleus... et puis des petits, verts.

LE COLONEL.

Dès que tu en verras un, tu lui remettras ceci. (Il lui donne un petit papier.)
En lui recommandant de le porter sur-le-champ à son général... tu comprends...

CARMAGNOLE.

Pardine, si je comprends... le sentier qui descend dans la plaine... les
coups de feu... le papier... ça va marcher comme sur des petites roulettes.

LE COLONEL.

Songe à bien t'acquitter de ta mission. (Montrant Rosella.) Cette jeune fille,
nous répondra de ta fidélité.

CARMAGNOLE.

Oui, mais dites donc, pourvu que vous m' répondiez de la sienne... Ah
ça! après, ce sera fini, hein? on ne me fera plus rien.

LE COLONEL.

Je t'en donne ma parole.

CARMAGNOLE.

Alors, je pars. (Il va à Rosella.) Dis donc, Rosella, je vas faire une commission pour le commandant... vous n'avez pas besoin d'autre chose, en même temps, commandant?..

ROSELLA.

Il n'y a pas de danger?

CARMAGNOLE.

Bah! du danger! ils vont brûler un peu de poudre... toujours pour m'éprouver, ne t'impatiente pas.

AIR : Allons, allons. (RIGOLETTI.)

CHOEUR.

Par son courage et son humeur altière,
Dans le danger, il peut nous secourir ;
Que le hasard le dirige et l'éclaire,
Et dans ces lieux le fasse revenir.

Carmagnole embrasse Rosella ; il s'éloigne ensuite en courant. Le colonel et les officiers le suivent des yeux avec anxiété. On entend plusieurs coups de feu dans le lointain et par intervalles.

LE COLONEL.

Il n'est pas atteint... je le vois... il ne se presse pas pour cela... quel courage... quel sang-froid.

SCÈNE XXIII.

LE COLONEL. ROSELLA. LOREAU. LES OFFICIERS. SOLDATS, MIKÉLI.

L'OFFICIER.

Commandant, nos sentinelles avancées viennent d'arrêter un paysan qui s'est dit porteur d'un message pour vous.

LE COLONEL.

Amenez-le. (Sur un geste de l'officier deux soldats introduisent le père Mikéli.)

ROSELLA.

Mon père !

MIKÉLI.

Ma fille !

LE COLONEL.

Que voulez-vous?

MIKÉLI.

Le colonel Blémont.

LE COLONEL.

C'est moi.

MIKÉLI.

Fait prisonnier et conduit près de votre général, j'ai appris par des soldats que ma fille était ici, j'ai voulu la revoir, et au péril de mes jours, je me suis chargé de ce message. (Mikéli lui remet un petit billet roulé.)

LE COLONEL.

Une lettre du général Kellermann. (Lisant. Écoutez, messieurs... « Com» mandant, si vous avez arrêté l'individu que je vous avais signalé, et s'il
» en est temps encore, suspendez son exécution ; les clous plantés dans
» l'arbre de San-Giuliano, devaient indiquer le nombre de nos régimens,
» j'apprends qu'au contraire il a complètement trompé les Autrichiens sur
» nos forces ; et en ce moment, quoique réellement ils nous soient très su» périeurs, ils abandonnent toutes leurs positions, et se concentrent vers
» le plateau de Marengo, où ils vont sans doute accepter la bataille que
» nous leur offrons depuis si long-temps... hâtez-vous de diriger sur ce
» point le corps que vous commandez. »

TOUS.

Vivat !

LE COLONEL.

Pauvre garçon... et c'est moi, qui serai cause de sa mort.

ROSELLA et MIKÉLI.

Comment ?　　　　　　　　　　　　　On entend crier au loin.

CARMAGNOLE, en dehors.

Me voilà! me voilà!

ROSELLA.

C'est lui..je reconnais sa voix.

CATHERINE.

Oui, mon enfant, c'est lui : n'ayez pas peur. (Tout le monde se groupe au fond. On entend encore quelques coups de fusil.)

SCÈNE XXIV.

LES MÊMES, CARMAGNOLE.

CARMAGNOLE, tout essoufflé.

Ouf! me v'là! j'espère que je n'ai pas été long. J'ai remis votre lettre au général lui-même, en personne... à cheval... cré coquin! il est bien ficelé, celui-là. (Apercevant Mikéli.) Tiens... vous v'là, père Mikéli, bonjour.

LE COLONEL.

Eh bien! le général?..

CARMAGNOLE.

Il a dit que c'était bien.

LE COLONEL, lui prenant la main.

Mon camarade, tu es un brave!

CARMAGNOLE.

Quoique ça, mon commandant, ils n'ont pas joué leur rôle si bien que ceux-ci, les autres...

LE COLONEL.

Que veux-tu dire?

CARMAGNOLE.

Oui, quand j'ai passé dans le sentier pour aller faire votr' commission, ils ne m'ont tiré que quelques méchans coups de fusil... pan! pan! pan! moi, qui s'attendais à un bon feu de peloton, bien nourri... j'ai bien vu tout de suite que c'était un' plaisanterie.

LE COLONEL.

Quoi, tu as cru?

CARMAGNOLE.

Pardine! aussi, à chaque coup de fusil, pour leur faire voir que j'avais pas peur, je leur z'y ôtais mon chapeau... monsieur, je vous salue bien, bien le bonjour, bien des choses chez vous... (En parlant il ôte son chapeau, il en tombe deux balles.) Hein? qu'est-ce que c'est que ça?

MIKÉLI, les ramassant.

Des balles...

CARMAGNOLE.

De plomb?

MIKÉLI, les lui donnant.

Tiens!

CARMAGNOLE.

Comment, c'était pour de bon. (Il se tâte la tête.) Eh ben! et la fusillade.

LOREAU.

Aussi... et tu l'as échappé belle.

CARMAGNOLE.

Ah! mais... ah! mais...   (Il se trouve mal, on le soutient.)

ROSELLA.

Mon pauvre Carmagnole!

LOREAU.

Comment, il n'y croyait pas?.. je ne m'étonne plus de son courage...

CARMAGNOLE, revenant à lui.

Oh! mais... oh! mais... Ah ça! père Mikéli, qu'est-ce que vous êtes donc venu me chanter, que les Français étaient des farceurs... elles sont jolies leurs farces... Oh! mais... oh! mais...

LE COLONEL, riant.

Remets-toi, mon garçon... tu n'en as pas moins rendu un grand service.

CARMAGNOLE.

Où donc?

LE COLONEL.

Ces clous, qu'on t'avait chargé de planter dans cet arbre; ils devaient indiquer le nombre de nos régimens.

CARMAGNOLE.

Quoi! les six clous... vous n'aviez donc que six régimens, et moi qui en ai planté plus de vingt... c'est donc ça qu'ils s'en sauvent, qu'ils s'en sauvent... les capons !.. Ah ben ! à la bonne heure, sans le savoir, j'en ai fait une bonne...

LE COLONEL.

Aussi, dès ce moment, tu as dans ma demi-brigade, le grade de caporal.

MIKÉLI.

A moins que tu n'aimes mieux épouser Rosella, car, maintenant, tu en es digne.

CARMAGNOLE.

Épouser Rosella, tout de suite... Colonel, je donne ma démission de caporal, j'aime mieux être simple maréchal... dans tous les cas, vivent les Français !

LE COLONEL. aux soldats.

Mes amis... en route pour Marengo !

CARMAGNOLE.

Il n'y a pas de mal d'aller à Marengo.

TOUS.

A Marengo !

CHOEUR.

AIR

Ajoutons à notre gloire,
Amis, courons aux combats ;
Demain pour notre victoire,
Les lauriers ne manqu'ront pas

CARMAGNOLE, au public.

AIR : Vaudeville de la Haine d'une Femme

Messieurs, je n' suis plus militaire,
J' m'adresse à vous qu'êtes civils ;
N'allez pas me faire la guerre,
J'ai déjà couru tant d' périls.
Parfois aussi, vous faites du carnage,
Contre nous lançant vos rigueurs ;
De ball's vous ne fait's point usage,
Mais ça siffle encor davantage ;
Prouvez ce soir, en m' donnant vos faveurs,
Que les Français sont d'aimables farceurs.

REPRISE DU CHOEUR.

Les soldats défilent pendant ce chœur, et forment tableau.

FIN.

www.ingramcontent.com/pod-product-compliance
Lightning Source LLC
LaVergne TN
LVHW020626180726
843502LV00006B/1891